VARASEK EDICIONES

POESÍA VIAJES & ROCK'N'ROLL

En bandada, libres

Ildefonso Rodríguez

WWW.VARASEKEDICIONES.ES

VARASEK
EDICIONES
BUCCANEERS

En bandada, libres
Ildefonso Rodríguez

© de la obra, Ildefonso Rodríguez

© de la presente edición y derechos en
castellano, Varasek Ediciones
C/Cava Baja, 24
28005 Madrid
www.varasekediciones.es

Dirección de arte:
Beatriz Ruibal

Diseño de la colección:
Jaime Narváez

Maquetación:
Santamarina Diseñadores

1ª edición, Madrid, 2025
ISBN: 979-13-990184-1-7
D.L.: M-11654-2025

POESÍA

AURA, díptico 81, 2016 © David Jiménez

ÍNDICE

En bandada, libres

a Isabel

Y el ojo que clausura mis sueños que nada y que
    parpadea
El ojo invade mis noches
La noche la noche la tormenta
El ojo deslumbrante con floraciones extrañas
El ojo enfermo de imágenes

Joyce Mansour

PRESOCRÁTICOS

El aroma en los espinos no es extraño a las tormentas
y en la intersección de los astros vive
tan sólo la luciérnaga.

Alojado en la colina de todos los vientos
descubres necesario un diagrama transparente
y no pasas sin leer su mensaje.

Miguel Suárez

(la canción del Pozo Pi)

era la intención cantar
la canción del Pozo Pi
así
y no como si
en la pista de baile alguien enhebrara un aguja
después buscase la misma aguja perdida
entre las pisadas los ochos la pista no
el baile resbaladizo

no como si
no allá arriba allá abajo
abajo no hay más comos ni más síes
hay la afirmación violenta de unas premoniciones
antes fueron recuerdos
¿lo tomas? ¿lo dejas?

no es fantasma convocado ni estanque con flores de loto
nenúfares no son
y podrían ser demonios que palidecen a la luz del círculo
un ansia y un picor como cuando un demonio se te acerca
espigar en la pista y ver en lo alto
chorros de una energía que fue estela en otros bailes

haces y turbulencias
lo llaman "una vez sucedió"
y también "todo esto sucederá"

es como si
naciera una estrella en el fondo del pozo
el fluir torrencial de un río que tú y yo sabemos
mientras la pálida luz esa se nos aparece
cara oculta de la luna

y preguntarse entonces:
¿quién no se vio alguna vez allí reflejado
como si...?

("*con una red oscura*")

(Tomás Salvador González)

I

¿qué?
un vudú amable enternecido
tierna presa de los deseos comunes
¿qué?
amistad con los espectros y las transparencias
(allá afuera quedaron los animales deseosos)
el deseo venciendo al miedo
los seres susurrados por voces sin cuerpo
pero otro cuerpo les suena en la gruta grotesca
¿qué?
la varilla que vibrando mide el bramido la berrea
los pulsos de la memoria imaginada: la varilla sabe
¿qué? ¿dónde hemos ido?
¿qué hemos sido durante este intervalo?

¿y qué eco da una voz hueca?
éste es el lugar de las sentencias negativas
el disco rayado la radio encendida en un claro del bosque
en la panera profunda de las casas de adobe
metamorfosis formas crecidas del polvo

y devueltas al polvo
el lugar preservado
el lugar que siempre es muchos lugares
¿qué?
la disolución el devanarse golpear una puerta buscar una
    salida
devanarse en el túnel

eso y oír cómo se apaga todo el crepitar de fuegos
brotar de aguas
todo bajo la campana

¿qué campana? ¿cuál?

ésa allí oída

porque todo ha sucedido bajo una campana
tibetana de cristal aquella en la iglesia de mi Villa
y ahora es el eco de lo ido
donde antes hubo bramidos ahora cantan los espectros
su canción de moscas brotes rastrojos

y esos que vienen a lo lejos en cadena: qué son qué son
    qué son
cogiditos de la mano qué son
cómo entran en la zona de las preguntas:

¿dónde, pero dónde hemos estado?
¿qué vimos allí? ¿qué peso traemos en la mano abierta?

el qué de las cosas
bramidos bajo la campana sorda suspiros
una cuenta de susurros

música de los venados
en conflicto devanándose a oscuras
eso un sonido de chapas el kikirikí de una ilusión
alegría contagiosa
deseo que vence al miedo
un gamelán un mariachi de músicas retenidas
la fanfarria a solas en el claro del bosque
en el círculo de los animales transparentes
a la espera de las consecuencias

¿qué? ¿cuáles?

desaguar buscar atravesar
uno por uno
un túnel

II

en la red de los espectros
los sedientos y esas gallinas
la música de los corrales:
de allá hasta aquí

Die Bremen Stadtmusikanten
y por la calle de la soga vamos nosotros
pisando adoquines brillantes como pedazos de grasa
(soñó Gustav Meyrink)

los pájaros en Bremen
un par de grajos en su árbol pelado
¡nos graznaron!

red espectral: los parecidos los semejantes
lo siempre identificable
en el hotel el dial de la radio
y los adoquines resbaladizos en la calle que despide luces
(fue también aquella en los mantras de Lisboa)
y los escaparates: brillos maniquíes vivientes
y el guardián inmóvil de la puerta: invisibles los ojos
el ala del sombrero: peligroso peligroso
calle con gallinas sueltas picoteando

todo transversal
un túnel yo y tú
a través buscando ¿no hay salida?
tú y yo el túnel la calle: (*un solo vistazo y todo hacía*
sospechar que al otro lado los escaparates mostraban algo
más oscuro)

la música de los corrales (allá) la cripta del silencio
calle de atrás más prohibida
sentido único *Einbahnstrasse* sin amor

pero trae la noche su regalo casi no es posible de creer
vuelven la callecita la mercería el café de las grandes
    vidrieras
y quién si no tú está mirando
ella va hacia su casa visión siempre tan fugaz inasible
la carretera es una barranca toda la Villa ha sido
bombardeada

dentro de ti se tensa
la crin de caballo que mueve al monje del tiempo
y es hoy tu medida del dolor:
húmedo seco más menos menos más
alza la vara descarga el castigo

"desapacible abril" en la plaza
dos mozos africanos se saludan
rozan sólo la punta de los dedos
sutiles
manzanas de abril con la cara de mi madre

así hemos sido así hemos vivido

yo tú otro uno por uno
un túnel

(tercera toma)

oigo así la música del conflicto:

música china para una chola desencantada
para el que está venado
ay yo bien quisiera
lanzar tres monedas a una fuente
cantar *Three coins in the fountain*
cantar y lanzar

música del conflicto comunicado
caerá la noche como cayó la puerta metálica de un garaje
(eso lo ha escrito Miguel Suárez)
eso un sonido de chapas el kikirikí de Archie Shepp

un gamelán un mariachi de músicas retenidas
la fanfarria a solas
a la espera de las consecuencias

(destello de diamante: ojo
ojo al anillo de Thelonious Monk)

y la cara que se te quedó
como al niño cuando se le explota el globo

cuando vuela la mariposa saliendo bajo las barbas de los
    aviadores
los trillizos durmientes
(y no le da caza Harpo Marx)

cuando lees el graffiti que ponía:
ES YA IRREMEDIABLE SER UN MENDIGO
visto desde el autobús al pasar enfrente de la llamada
CALLE DE LA MARIPOSA (lo juro)

cuando te asomas al pozo
y en el agua

en el agua del fondo las almas de los no nacidos
(*no te acerques a los pozos, ni a las norias, ni te acerques,
te repetían*)

el agua de los idos allá al fondo
(*no se puede inventar llorar, le oigo decir al cantor torcán
Goyeneche, el que nunca les perdonó morirse a los amigos
muertos*)

y ya cuando miras arriba allá en lo alto
o es allá en lo más bajo: el río de la vía láctea
por allí ves pasar todos los peces los pájaros los peces
de tu cabeza

¿alianzas?
¿dónde?
¿en la luna seca otra vez?

ahí afuera no ahí adentro
"la materia oscura y fría en explosión creciente"

¿un refugio?
en la viñeta de un cuento
en un cuadro de Remedios Varo
en las habitaciones del aire
allí dos amigos hablaron y fumaron hasta el amanecer
muchas noches

pero ese charol pegajoso
abrillantado con leche y crema
pero ese hierro frío

¿dónde?

(la ardilla Carrington corre hacia su amiga Remedios)

habitaciones del aire: *éramos en el sueño otra vez los*
inquilinos de la casa ocupada (pozos del cielo, en lo alto
flotan aquellas vidas); y todas las cosas que habíamos
dejado en los cajones, otra noche, furtivos, volveríamos a

*por ellas; entretanto, dormíamos amontonados (otros
buscaron su propia aventura, la juventud hoja por hoja)*

sol moribundo
charol pegajoso de un bolso de boda

herencia (¿de qué?)

en el mismo día
atarazar serrar moler echar fuera de casa
la artesa del abuelo el trillo el arado la horca
y en el mismo día
arrancar el laurel que plantó el padre

y pensar
¿qué herencia guarda esta casa y para quién?

esto no esto no puede ser una canción de flores

palabras sueltas hojas arrancadas de un cuaderno
alguna cosa musical intermedia inestable

pequeña tablilla en la biblioteca de Nínive allí
amontonada partida por la mitad

(pero si la reja aró aquellas tierras conocidas por su nombre
    propio
la Pocica la Viña de los Muertos
terrones untuosos tierras tan productivas
la reja embebida en aceite alimenticio)

(trigos cebadas unas viñas prados
el aceite se compraba
venía del sur — ¡aceitunerooo! —
el jabón se cocía en casa)

las cestas los carriegos de las vendimias
allí se guardaban los dos hermanitos
las abejas melosas no picaban
en sus agujeros cantaban los grillos

pero el hallazgo en el cajón de la mesita de noche
tan ajena tan poco familiar tan de otros
sí
un hallazgo casi un tesoro

la moneda de dos reales (¿sabes de qué se está hablando
    aquí?)
la llavecita del mueble nocturno barnizado como caja de
    muerto
el mueble de los amantes moribundos

(lo que otra vez quedó escrito:
era la mañana en el patio estuve
dando brillo a los arreos del dios familiar)

¿es ésta la herencia del juego de las familias?

abrillantar sacar destellos al saxo con el paño azul
ojalá fuera saxo de mar
y no este ser bramador

el hombre que talla la empuñadura de su bastón
una cabeza de perro
ésa es su herencia

(caminantes y habladores)

I talk to the spirits
dice Roland Kirk
walk spirit talk spirit
dice McCoy Tyner
y yo estoy mirando una fotografía
se ve una tumba sola y enjaulada
hay ofrendas flores de plástico
es una pradera en lo alto de la montaña
con qué espíritu hablará el muerto enjaulado
cada cual habla con el suyo

por ejemplo:

sacristía con olor a incienso rancio
es contraria a la música

lo abierto tú lo buscas en la montaña:
"la música de la montaña es el silencio, un silencio sagrado
y sinfónico del que surge de vez en cuando, perfectamente
armonizado, el rumor de agua, algún ave, o el cencerro
lejano de los animales domésticos"
visión de los románticos

el rinconcito la cajita para encajarnos
busca cada cual la suya
como en mi sueño de anoche
esperábamos para entrar al cine, habíamos recorrido
arriba y abajo, arriba y abajo muchas veces la callejina y
ahora esperábamos y ella se acercó con una amiga, ella
vestida de blanco, gasas blancas, piel muy blanca y voz casi
de muñeca; su rechazo, su no, y ahora veo la escena como
si estuviese encerrada en una jaula del corral donde se
guardaban los animales pequeños, conejos, gallinas, así

jaulas cajitas
"... un barrio multicolor como los de ciudades criollas, o
los pueblos marineros de mi infancia, cuando la gente
pintaba las fachadas con las sobras de pintura de los barcos
de madera..."

Jambalaya canto yo
en mi rinconcito
Jambalaya

en el suyo
cada cual

(fantasmática)

*(su doble nocturno, el enemigo que, en secreto,
le merma la imaginación: escondido y visible)*

por causa de un latido
vivir por él
todavía

y la imaginación fluyente en las pantallas
y el enemigo mío
ese que me va mermando
el poder de ver
lo no visto todavía

es por su causa la larva fluídica
el esperma de lo imaginario
la sal corrompida

otra vez:
la semilla podrida

pero el latido
de ese que se aparea con imágenes
(floraciones extrañas de Joyce Mansour*)*

expulsa un fluido inútil
y nacen larvas

lo compuesto lo descompuesto
lo cuarteado lo repartido por rincones

y esa neblina tan coloreada
la figura que se acerca envuelta en un manto
se multiplica se desvela se pierde por galerías

cada ser pertenece a su propio Caos escribe Paracelso

no les asusta (a las larvas esas de la noche)
ni asafétida ni perejil
tampoco incienso
nada
les asusta

en un no en un sí
el canto de las sirenas

alma animal mío
qué figura con hocico tienes
y no te ves

(¿es son o es instalación?)

dos palabras quieren ser
aquí instaladas
o sonadas
despeñadero
klactoveedsedtene

aquí están sonando ahora
una en el saxofón de Charlie Parker
la otra en un dicho de Quevedo: *el mayor despeñadero,*
la confianza

y la pregunta que a todo esto parece que debería atañer:
¿tú qué quieres decir?
o con más confianza:
tú di lo que quieras decir
(vuelve la pregunta en su torno:
¿pero tú qué me quieres decir?)

hay imágenes que en cualquier lengua quisieran también
    ser instaladas

como esa piedra de radio que se enciende en la galena de
las noches
clandestinas siempre bajo las mantas en el rincón de un
sótano
sulfuro de plomo encendido

o ese corazón recién descubierto
(me cuenta mi amigo el músico pensador)
corazón neuronal segundo cerebro
que reacciona antes que la cabeza
guía del sentimiento como en los mitos

o la cuchara que Dalí apretaba con su mano dormida
(*deja la mano muerta dala contra la puerta*
cantábamos)
le despertaba al caer al suelo
en medio de un sueño y lo pintaba

todo esto ya debería cansarme este reunir sin más sistema
pero yo no soy como aquel rey sangriento (*comienzo a
estar cansado ya del sol*)

salgo al patio a podar la parra
¿sangra o suda dulce?

abril
esos gritos al otro lado del tapial
es alguien que no sabe
lo que es ser un vecino

y aquel modo de llamar desde otro patio
el abuelo a la abuela
niña la llamaba

estos son
hechos

(reflexión mañanera aunque tardía)

otra vez era la mañana en el patio
y las tareas con el sol que nos alumbraba:
a mí y a las cosas a las flores pobres y amarillas
recién brotadas; y la música que hacía pensar
algo así: *sonando Gato Barbieri, sonaba su disco* Fénix, *el
que tantas veces yo escuchaba —hasta el lejano Liverpool
llegó—; y pensé: por qué no seguí este sonido, qué razón
tenía Urdiales, me salía bien, recuerda* La maquila, *podría
haber sido un saxo en su onda, seguidor del Gato —si hasta
canto tangos—; soplar en él con la voz de los tangos;
¿demasiado tarde, otra vez demasiado tarde para ti?*

era en un vallecico íntimo eran las flores y el primer olor
    de la primavera
hubo que curar el laurel enfermo con un agua de cobre
las manchas azules en las hojas el agua con veneno

y regar y ventilar
abrir ventanas ver la calle por las ventanas abiertas

abrir el buzón y salió zumbando una abeja

son cosas naturales suceden sin pensarlo

por toda la casa sube y baja el enzarzado el que busca tareas
menudencias pequeñas tareas del maniático
un tornillo suelto aquí un reflejo en el suelo
un reparar un repasar sin remedio

haciendo el Charlot
(y una proyección de la alejada
te hace muecas desde el sofá)

porque así es uno a solas
con la abeja encerrada en el vallecico
a la espera y ventilando
como sin pensar
y pensando

(para uno en el laberinto)

habla una cabeza sola dice:

dar cuerda a las cosas
seguir sus hilos

untarlas con sus afectos
y grasas naturales

*"pues todo mirar
deberá volverse sentir"*

adivinando a ciegas
el sabor de un guiso futuro

sal de la casa
si no hay lápices de colores

siente aquello que viene de lejos:
*"un olor de azúcar quemada
llenaba el portal"*

sal de la casa

(bioluminiscencia)

escribe Tagore:
Dios ama la luz de las lamparillas de los hombres más que
a sus grandes estrellas
¿qué luz es ésa?
es una luz cautiva: *en el Cono Sur americano los niños*
campesinos recogen enormes luciérnagas en frasquitos que
les sirven de lámparas de noche
como el insecto que vuela dentro del ámbar
ahí la calle corta su nombre al pasar en autobús:
CALLE DE LA MARIPOSA
¿una calle llamada así por causa de una sola mariposa?
¿quién recuerda aquello?

veamos más de cerca:
en el gran cuadro que pintó El Greco sólo hay dos vivos
    que miran
miran al que les mira ahora mismo igual que sucede en
    una fotografía
los demás en el cuadro alzan al cielo miradas vacías éxtasis
    luminarias
(menos otro que parece un criado)
y arriba no hay miradas: una mano sostiene llaves que pesan

tiran de los dedos el par de llaves
un ángel o ángela con falda verde veronés
pero desprende ceniza
todo en el cuadro está envuelto en luz de ceniza
esa lejía mortal que envuelve a las figuras (menos los dos
    vivos y el criado)
la falda del ángel hermafrodita como una revolera en el
    ruedo
y enseña una pierna bien formada jugosa y un ala de águila
es ala verdadera: el ángel sin ese ala nada sería

son padre e hijo —dicen— los que miran los que vivos están
y miran a los que estamos hoy vivos

rozadura:
años ya sintiendo que la mayor urgencia en la escritura
es el recuerdo y la alabanza —espectros míos— de los idos
fatiga y pesar y hasta un punto grotesco como un
    especialista
(¿quién será el próximo?)

para ver más de cerca desde otro lugar:
en la iglesia de San Román otros ángeles
(no parecen los de Benjamin, dijo Miguel)
están cada uno en su jaula: cautivos como la
    luz cautiva

como los dos que miran hoy
y los dos que hoy son mirados

(informe sobre Bucarest)

allí se oscurece la palabra más negra
más en tinta
y es aún más
palabra de las arenas mediterráneas

escombros y en medio
una ermita
una Villa de fantasmas
por allí anduvimos

los perros mendigos
las calles en medio de una nada
que una vez floreció
las calle de las tiendas muertas
(y la tienda del sombrerero judío)

en aquel aire gris
de repente una noche de verano
y nos vimos en el interior de un sueño
la tiniebla perfumada

una caja de música
un jirón al viento
en la ventana sin habitante
cascotes

y una nueva amistad: sartén caliente y cerveza Ursus

(ver fotos)

(segunda toma)

oscurecida
la palabra rumana
más negra cada vez
tintas en la lengua
y arenas mediterráneas

(tercera toma)

oscurecida
la palabra más negra
cada vez tintas
en la lengua arenas
rumanas

(muge el Snark)

mugió al nacer
el Universo
mugido fue no vagido

primero fue el silencio del mito
antes del Big Bang
después fue gemido
después mugido
acabó en chillido

*(la fantasía musical del científico añade ahí una tríada
mayor, acorde perfecto y rugiente que en tríada menor se
transforma: tristeza del nacimiento de la primera estrella)*

una pregunta se nos ocurre.
¿es el universo un Snark
pongamos por caso?
pues sí sería propio de un Snark en su nacimiento
mugir

("*¿Sabes lo que es un Snark? Si la respuesta es sí, pues dímelo, por favor, yo no tengo la menor idea*". *Esto le escribe Lewis Carroll a la niña Florence Balfour*)

(al ir espigando)

I

¿es al buen tun tun?
¿es porque
el otro día leí que yo soy poeta neopurista y del silencio?

pues allá va:

aquí en la casita de papel donde gira el aspa del tiempo
su eje:
yo todavía / yo ya no yo ya no / yo todavía

sabiendo cuánto le sobra al cuerpo:
las muelas del juicio para moler, las costillas cervicales del
reptil, el tubérculo de Darwin, el músculo subclavio para
andar a cuatro patas, el órgano vomeronasal, el músculo
palmar para colgarnos de los árboles

(¿y cómo extirpar el yomimeconmigo?
yo   mí   me   conmigo)

sí
las muelas del juicio
para el buen tun tun

y con todo seguir cantándole a la luna no te alejes luna
no alargues las horas no inclines mi calle no detengas los
    mares
cantarle
sea nana o sea bolero

y con todo hacer como hizo el hermano Perdurabo cuando
alimentó con sangre y pajaritos al esqueleto de un muerto
desconocido, quería
que a la vida
volviera

pero que no te regalen la navaja aquella que el hermano
Perdurabo regalaba a sus discípulos: cada vez que dijesen
"yo" un corte tenían que hacerse en el brazo (ver fotografía
de Victor Neuburg), sólo en tercera persona podían hablar

otra cosa sería la navaja de Ockham
o las muelas del juicio

o haber escrito sólo esto
que William Blake escribió con su buen tun tun:

los pájaros están callados en sus nidos
y yo tengo que buscar el mío
la luna como una flor
en la alta enramada del cielo
con callado placer
se sienta y sonríe en la noche

los monos bonobos (*pan panisus*) los mochicas peruanos
sabían de esto

una magia que sucede en lo oscuro o en lo claro del día
entre sábanas revueltas en rincones en un prado a la hora
    del bocadillo
siempre para llamar al verano por su nombre: vuelve de
    nuevo
mayday Walpurgisnacht en la cama de la luz creciente
dos se entrelazan buscando restituir los rayos del verano
cuando *los frutos brillarán como soles* dijiste tú

se intercambian cosas y símbolos el peine el ojo la cánula
como aquella magia de la especie allá en Eleusis
y los monos bonobos y los mochicas peruanos y una
    maestra de escuela
en el acoplamiento
sin velos o cambiando de piel
exponiendo a la vista más cosas inesperadas
como se dice que hacían los oficiantes del rito
así quisiéramos hacer todos
en todo tiempo
en todo lugar

(aunque pudiera ser más poderosa magia
una *espiga de luz cultivada en el silencio*
como escribió Hipólito)

(*one for The Beatles:* nostalgia: el dolor del camino doble:
ida y vuelta)

en un jardín inglés
tres (en el jardín de Alicia)
y uno toca el ukelele:
quedó en calma cómo quedó
calmado aquel viejo furor y griterío
sonido y furia antaño y hogaño
en el cuento de sus vidas

ahora es la debilidad límite del ukelele
un nudo deshecho
así es ahora la ayuda de la amistad
(ceremonia de la despedida: *it's been a nice day, thanks,
George, for having us; ukelele espectral: el guitarrillo
venido de Indonesia, con cuatro —cuatro eran ellos y uno
ya ronda invisible por el jardín— cuerdas, en la opereta y
en el jazz alegre de los abuelos: Malcolm Lowry, el
turbulento, se amansaba tocando su ukelele*)

qué entusiasmo qué ilusión tuvo aquello
ahora el entusiasta (todavía y siempre)

ilusionado mira la escena:
tres
        en un jardín
                    inglés
sin más electricidad sin más escenario
en el cuento de Carroll

es un día en la vida
(*un día como el abdomen dorado de las libélulas*)
se abre se cierra el foso
la barranca (Lowry) que reúne
que separa un día en la vida
de dos
así fue aquel: cortar
pegar los dos fragmentos:
el de John joyciano leyendo las noticias
el de Paul —dulce nostalgia objetiva— recordando

el encuentro diario con el amigo:
ni pasado ni presente
en el acontecimiento en el encefalograma plano
y el turbión que une que separa
de aquí hacia allí
de allí hacia aquí

sólo ahora el contorno
melódico
melancolía: todo repetir
siempre las dos veces de lo mismo

(*un dos tres
escondite inglés*)

*"espasmo o silbido
las dos reglas del poema"*

(con la técnica del rocío)

mirar de cerca mirar de lejos oír
el muelle del colchón en el oído de la almohada
tocar sólo
música de siluetas

aquí allá
donde fui triste y contento
pació un dinosaurio

hoy vimos el polvo del camino más blanco
que nunca vimos: porcelana china pulverizada

(el camino más blanco: yo vi ese camino, es lunar, lo
hemos visto muchos aquí en la Tierra, conducía siempre
hacia alguna forma de felicidad)

aporte de más datos
más siluetas: en el campanario suena la hora
la una
suena el tiempo con la primera campanada
da un toque común

había en la cocina un vaso triste
opaco nublado sin su transparencia natural

ahí están al sol
los animales pensativos

todavía quiero andar
con grandes zancadas

(necesidad de invocar)

son varias razones y otra más para invocar
a los maestros del Tibet

miel y aguijón de las palabras
bajo la enramada
                    el caminante

y desde aquí también invoca
uno que viste ropones de andar por casa
desde su ladera florecida
                    familiar

siente y piensa
con Mandelstham Klee Kowald
                    Vallejo y otros

lo que ahí afuera ellos van diciendo
uno dijo: *"bajé al río y, como traía puestas las botas, pude
vadearlo en muchos sitios; alcé los más bellos cantos
rodados; cargué con algunos ladrillos sin esquinas; es muy
breve el paso de aquí a una escultura"*

y otro:

*"pero, ¿cómo separarme de ti, amado Egipto de las
cosas?"*

no son razones
el esclavo corre libre
las cosas nos miran vivientes

con *"las arañas del verano volador"*
salir de casa

                echarse a andar

(poema del alemán)

expulso esta grumosa borrosa despegada
sensación de ver lo cercano

como un viento armónico
(todo eran voces era un hojaldre de voces)
que caminando me sopló en las orejas

o la hoja esquelética cuando transparenta
su vida: haz y envés

o un dato: *en el año de mi nacimiento, al San Jorge que
corona la puerta del caserón llamado Botines se le cayó el
brazo izquierdo, y la mandíbula al dragón*

esto es anal dicen las teorías
un modo de impotencia: el coro de voces solas
que sé reconocer

cortar y pegar por la línea de puntos
. . . .

qué difícil cambiar de sentido

el reloj en la muñeca puesto al revés:
¿podrás leer la hora?

anudarse los cordones de los zapatos
cambiando el sentido de los nudos

preguntas:

¿al hombre le gusta el árbol?

antes había más vida natural
suele decirse desde Platón

como aquel verso de la pobreza:
¿esa luz qué hace ahí prendida?

soñé con vosotros en un sueño de muchos colores
nos escribe desde lejos nuestra amiga alemana

¿la vida natural?

me mira mi gata con sumisión y acecho

claro
es un felino

*¿sabe mi gata mirarse en un espejo, sabe que esa gata ahí
reflejada no es otra gata? sí debe saber: no se eriza cuando
se ve*

¿sabe alguien cómo mirarse en un espejo?
¿al precipicio del uno mismo asomarse?

¿llama lo igual a lo igual?
¿o llama a su contrario?

¿y si solo fuera cuestión de soplar
en una flauta de cinco agujeros?

crujen los pasos
pasos de espectro ante imágenes temporales
una primavera pintada en el año 1929
una luz carnal

no hay más

en todo crecimiento se anilla una amenaza

(otro son sin solución)

deseo del poema:
que desiguales las cosas
suspendidas en flotación
vengan

¿dónde han ido los pensamientos libres?
aquellos pájaros en la cabeza (zabeca en vesre)

(ojo y pensamiento
mi impura poética de los simbiontes)

y no cerrojos al pasar
(*lo único que se oía al pasar eran los cerrojos en las
puertas*, escribe Paul Bowles)
por la calle que tú sabes

ahora hay que bailar a solas
el solo en el patio del verano
come solo su gazpacho

hay que dar con el sitio
una forma en el hueco
esa que sólo puedes ver tú

pero ahí el cuco canta
su copla y la repite

aquí un niño con su pelota
juega solo

son así las miradas celestes
a distancia

(ya volvió el día de hablar solo)

*los pocos —dice mi visitante— que soplamos el vidrio de las
ilusiones y bebemos agua con sabor a caño, esto venimos a
decirte:*

mira
sal al patio
escucha
y vuelve aquello
con la decisión mañanera que ha de tomar el despierto
cuando del sueño viene un dicho feroz: el ala te ata
y otro responde: ¿hay vida en las fotografías?

fue abrir y cerrar cajones en la casa ajena
en la mesita de noche: imperdibles y pomadas

antes en un prado más allá de la corriente temporal
de un hilo cuelgan allí las almas
son cinco y un hada airosa
les da otro respiro

en la isla del fragor la niña recogía flores hacía un ramito
se lo ofrecería a la desconocida: era su saludo

dos nubes pasaron sobre nosotros eran las nubes venenosas
gas azul y gas amarillo
pasaron sobre las almas colgadas del hilo

pero estaban el hada el ramito de flores la niña
el veneno no entró en nosotros cinco

y aquí seguimos
sonrisas y piel y palabras que sonaron de pronto todas
    como nuevas

*(después volvió la visitante, la desconocida con su cara de
espejo — Maya Deren: "Redes de la tarde"— y aquel aviso
del sueño)*

(costra y lámpara)

¿qué cromo del tiempo me ha llegado a la pantalla?

¿quiénes somos esos de ahí?
el flautista que parece echarse a bailar un tango
y el otro el de la derecha mirando desde mi lado
(¿de qué lado estoy yo ahora? el tiempo nunca lo dirá)
¿ese soy yo? hay brillos de charol en los botines
la chaqueta amplia; hay sobre todo lo demás
una sombra creciente que le borra la cara
se la va borrando le pone un antifaz es ya sólo una boca
sopla en su instrumento; hay también una música inmóvil
(pero sigue sonando) y los círculos de la luz es por los focos
estamos en una pista ahí o estamos
en un escaparate como maniquíes de aquello ido
de costra y de lámpara sí
nosotros así
hemos sido
(pero sigue sonando)

mi fantasma

en su columpio
en su cocina

allí donde se aplique así la ley
que para todos no es
es bajo determinadas condiciones
por ejemplo: si sueltas de la mano las tijeras que ahora
sostienes caen al suelo

mundo ingrávido de mi fantasma
se sabe de él que anda solo por los bares
¿busca salvación?

¿y dónde?
¿en la poesía?
¿en ese agudo que cruje como pan tierno en lo alto del
     saxo?

¿busca alienarse?
¿asentar su posición en el deseo?

su libertad peligrosa
su ser indefenso
la presencia muda de sus calcetines

no me hagas
reír

no me hagas
llorar

lo que respira
no se pudre

o si no
llévame
a la Fuente de los Prados

(son solar de nuestra estrella enana)

estructuras disipativas

filamentos

¿y la oxitocina que fluye amorosa desde los ojos de mi gata?

¿dónde?

¿en el hollín de los sueños húmedos?

¿y esas pedradas en la cara de la luna?

en la piel hay púrpuras psicogénicas

lágrimas de sangre (por tristeza
                              por venganza)

en la visión hay cristales
(*los ojitos de mi cara tienen los cristales muertos*
canta en una soleá Mairena)

y hay torres del silencio que son pozos sin fondo

y hay también casas habitadas
(*esta casa huele a gloria*
en otra soleá también Mairena)

y hay contra la pena opio tebaico

lo que llega llega solo
ahí está
¿hay que aceptarlo? ¿todo?

el quinto punto cardinal es el aquí:
la mujer que casi furtiva
barre la calle ante la puerta de su casa

aquí está
no hay quien pueda negarlo

uno no sabe

en esto uno puede llevarse sorpresas
como con la forma de la sombra
la propia y la ajena

¿se apaga el sol?

neuronas y galaxias redes y filamentos agua y energía
    oscura

lo disipativo lo fluctuante

¿y la red del pescador?

¿y la redecilla del pelo que usaba mi abuela Delmira?
(la casa de las abuelas es *La casa del sol naciente)*

la caldera del sol sin fuel (queroseno de los tangos)
la intemperie sin vuelos
todo a ras de tierra
o en la pudrición de la galería (vida de topo)

será —dicen—
gigante roja y después
enana blanca

qué buen sol hace hoy

que siga ardiendo

(un retrato)

subido a un árbol
al cerezo de las vendimias
dolor en la pantorrilla izquierda
costuras arrugas pliegues
alguien mira la escena
muy desde afuera

a lo lejos viene y ya se va
lo que queda de ti
lo que queda de aquello
es una música
cruza los dedos
que no todo sean valses

tú
tú suelta lo atado
como sólo tú sabes hacerlo

(segunda toma)

a la pata coja
como subido al cerezo
de aquellas vendimias

como si un sastre clavara alfileres
en las costuras
un retrato me hacen

que domine el azar:

a las neuronas espejo
¿qué les falta?

el arpa de boca que tocó hace mil años
una chamana en la meseta de Altái

el cuerno de un semental
que es y no es
cuerno ahora de la abundancia

la aparición de un rayo fósil

y un perfume
pachulí
que excite pituitarias ajenas
anónimas
callejeando

porque es así el calendario
mira:

hubo un verano pensativo

en una cajita puso mi madre con su letra casi de niña:
el pañuelo de mi madre

las multitudes magullan

(sí, mejor las luces de unos cardos que parecen presentir
la proximidad azul del mar: lo pequeño da resplandores
pequeños sin neón)

así

y una boda de río
en el río de las cosas y los hechos

(el tiempo es como un río que forman los
acontecimientos, escribe Marco Aurelio)

(son difuso)

aparece un papelito con cuatro notas en un pentagrama y unas palabras: *esto cantaba un pájaro*

no quiere el ánimo melancolizarse así como así

pero toca Coltrane sobre el fragor que levanta el watusi Elvin con sus tambores, entre los truenos pausados toca su bolero arcaico, *The drum thing*

aparecen dos versos de José Manuel Arango: *el sueño arcaico / que a la mañana no recuerdas*

con el tiempo así ha sido aquel sueño mío, una y otra noche salía Coltrane

su deriva ahora tal vez sea este anuncio que pone aquí mi amigo el músico pensador:

SE OFRECE MÚSICO DE CÁMARA
DE LUGAR RECOGIDO Y ARMÓNICOS
SUSURROS Y VOCES FANTASMALES

(él ya lo tiene pensado: tambores y paseos hasta que llegue el alivio; ojalá tuviera también una yegua sonriente y con oído musical como aquel tamboritero pintado en un biombo chino tenía)

va a caer la tormenta

voy a coger algún hierro aunque atraiga al rayo

(animación de un Theremin)

no calla la voz interior
el tercero fantasmal de los amantes
a solas y las manos: campo magnético

bandada de gorriones caballo que relincha
y grillos y noche de agosto

el monstruo de Frankenstein quiere hablar

es la sirena fétida de las fábricas (Abelló Azucarera
    Antibióticos)
en el barrio del nacimiento

todo ahí es inestable es intermedio

una puerta que se queja

¿qué canciones?
*La canción del simple al sol Caníbal Una noche en el
páramo*

un canto de manantial
un pajarín que se hubiera metido en casa
(hablando de pájaros
pensamientos vienen de lo lejano:
una torre hermética
las ampollas vacías y sin luz sobre nuestras cabezas
la señal del que cruza esas calles...)

bordón móvil
gestos de amenaza despedidas bruscas
adiós en una lengua inventada

hace sonar lo invisible
o es animal que ataca si te acercas demasiado

es el fantasma Gori Gori bajo la sábana
el invitado a la sesión con los espectros

palabras ¿y qué dicen?
el lápiz es antena

(había quienes hablaban con los animales en la cuadra;
también en las granjas de Marte, de dónde si no la música
marciana de los platillos volantes)

un abanico un sobre de avión una moneda

lo que viene a lo lejos lo viviente a su aire

lo elástico lo fluido

(*sobresaltado en la noche por el ruido de un gran motor;
bramar y rugir: ¿quién, qué me despertó, un incorpóreo
que pasó a mi lado?; un corte de luz, seguro que eso fue,
un corte de luz, quiero pensar, y arrancó el aparato*)

es un umbral
es sonoro
hay que cruzarlo

¿es un error neurológico?

llevar un pájaro o una jaula
posados en la cabeza
(*todos los días —me decía mi tío Fede— al remontar el
Portillo, cuando ya se asoma al valle de la ciudad, allá
abajo, piensa en sus muertos, todos los días, desde el
volante, le hablan*)

¿un error de supervivencia?
también una mesa podría hablarle
pero no no es igual
son estelas flujos de palabras
sin más articulación

en las antípodas estalla ahora la primavera —me escriben—
brotan amapolas en el cemento de las calles

allá abajo

¿y qué viste?

vi al elefante Fritz bajo un cedro del Líbano
unos personajes que son signos
el juego del tric-trac
un cuenco con los animales que viven en la presa del
      molino:
un cangrejo tres culebras una rana una salamandra
una lámpara de noche llamada *Oui-Oui* y otra *Tahití*

también vi una presencia y la estrella del pastor
y dos espejos llamados *Dos puntos de vista*

*soy un buen solitario en los museos, me muevo por
escaleras y galerías con la misma atención que pone el
senderista; no he vivido acampadas a solas, ni he sido
pescador, bueno, algo de pescador tenía yo en mi oficina
del río, tocando el saxo; en los museos soy algo más como
a mí me gustaría más ser*

vi el triunfo de Sileno y una mujer acuclillada orinando
después quise mover un Calder con un silbido hacia lo alto

un queso cuajado en la transparencia
y un Cristo a cuatro patas como animal de especie
      irreconocible

la lealtad, me parece, no debería ser pactada a cada paso; algo
torcido debe haber en mí para que los que más me quieren
no puedan serme ciegamente leales, sin condiciones, tal como
lo exige esa virtud

y de pronto una Sobarriba con un camino amigable
o era la vega allá arriba donde ahora trabajan mis tíos y mi
        padre en su Viña de los Muertos

pero estuvo bien pasar la tarde solo

en fin y resumiendo:
flores y látigos

todos esos vi yo

(y la orden que alguien me iba recordando:
no bebas el agua de tu gárgola)

(cumpleaños consonante)

(4 de diciembre de 2014)

en el dorso de un hoja del calendario
(y queda ya la última del año)
las notas del día:

me limo las uñas
pongo música mexicana
(las hermanas Águila)

pero antes para escuchar a fondo el día
In a gadda da vida
(esta rodilla…)

y le perdono la vida
a la última mosca del otoño

(¿qué estará creciendo ahí adentro?)

un propósito: abrir la puerta
a todo el que llame a mi puerta

me visto con las ropas de la pobreza
el jersey gris que ha durado toda una vida

(pero anudo al cuello un pañuelo de seda italiano:
regalo de mi amor que hoy anda muy lejos)

bebo agua
(tienes que beber mucha agua)

y sigo por ahora jugando con mi yo-yo
mi viene-viene tagálog
mi viene-viene-lo-que-tenga-que-venir

charlo con el vecino en el lado soleado de la calle

hallazgo de algo caído:
la cinta roja de un paquete
de cerca se ve que tiene un nombre impreso: JOSELÍN
¿Joselín? ¿de verdad? ni un solo momento del día
en mi hermano Josemari mi hermano muerto
he dejado de pensar
(en la Red aclarado el enigma: *Sobaos Pasiegos Joselín*
y con todo…)

llaman a la puerta abro
son los dos amigos músicos
un brindis: ya somos tres

estuvimos juntos en la música fragorosa
y en la noche celebrando a Hawk y a Lester
los dos colegas contrarios y semejantes

y al irse los dos amigos
dejan las mantas bien dobladas

(cimbrear una canción compleja)

ahora crían moho las cosas llueve no hay cosas en
    propiedad
pero dibujan su triángulo: espejo piedra de afilar
animal caído en la trampa

el espejo cuarteado
en la noche de más frío el azogue se saltó
alguien extraño trazó su encantamiento: hilos
aguas negras en el fondo removido
aparecieron rostros que no conocíamos gestos arcaicos
el miedo a mirar

se quebró sin más razón la piedra afiladora
cayó en dos mitades las aristas cortaban

el animal atrapado sin salida en la viga última
se dejaba morir quedó quieto allí
sepultado en lo más alto de la casa
pero el animal sigue vivo renació con nuevas fuerzas y
    alegrías

son los hechos
como semillas de un bosque desaparecido

alguien iba tocando su música a la luz de la luna diurna
las compuertas estaban cerradas el pastor se había
    ahogado

en la espuma mortal se abrieron ojos
burbujas que miraban en el agua alborotada

así al cimbrear una canción
se iba abriendo la nuez del otoño

en una lengua aglutinante
hablan los suburbios
allí tú y yo encontrábamos
la cosa reconocible (¿era un alfajor disecado
era un azulejo bizantino?)
la cosa mirada en exceso
muchas más veces ya escrita
en los cuadernos de nuestra pobreza

y aun así
cómo sigue siendo ese vaho nebuloso
empaña la alegría los colores filigranas
en la arena la medusa de YvesTanguy
todos los días larvados

(así fue: estaba en la calle de atrás, el gorrión herido en
un ala, se encogía en el suelo, ya entregado a lo peor; al
echarle mano —le hablé, hombre, qué te pasa— me miró
con ojos desesperados, se escapó en un último vuelo,
desapareció tras la tapia de un corral vecino)

hilo de cobre
fibra óptica
gusanos de luz

una desconcertada canción en la cabeza

tres son hoy las apariciones
en el sábado tardío tres reclamos
como algo que se quiere señalar

(o son simples detalles
fijados sin más motivo)

son tres:

a lo lejos la imaginación que da el miedo
la cueva negra por siglos a oscuras
colores que refulgen oros azules
sin una luz sin un brillo
pero ahí están pintados
en la mastaba del faraón

de cerca se encogen concentran más su azúcar
un cariño mustio las manzanas de la huerta
vendimiadas en octubre por mi padre
                                    ahora en marzo

una última distancia: aquella taza de té
azul y con dorados una de las cosas dejadas por Kafka
en su despacho del Instituto de Seguros contra Accidentes
    de Trabajo
el fetiche centrado para siempre (*"no me atrevo a tocar*

con mis labios el borde que se llevaba a la boca el doctor
Kafka")
en la vida de su amigo Gustav Janouch

la tacita las manzanas los colores en la oscuridad

(uvas de diciembre)

son vidrios quebradizos búcaros fruteros
la arena molida transparencias
turbias infancias pobres y fascistas

es la vela al apagarse
el olor de lo mortecino

pero había un kiosco de golosinas
un hueco iluminado a la entrada del puente

ayer un acordeonista venido de lejos
tocaba *la Violetera* y llovía; todo — río juncos
los que cruzan el puente — estaba detenido — kiosco
invisible
acordeonista lejano — dentro de la lluvia

todo busca compensación ciega balanza
por ejemplo: "*como quiera que el destino acostumbra, tras
la fiesta de los dulces, sacar del armario pan enmohecido
y agusanado...*"

luz de vela vidrios quebradizos
las ilusiones avivadas

era entonces
sin oferta
       sin demanda
hacer noche donde los músicos humean
son animales en el establo
sueltan vapor
los aparecidos dentro de la música

caracola galena de hoy
       al oído

lo lejano: *sentados ante las aguas, nos comunicábamos en silencio: aquí estuvimos al inicio mismo de nuestras vidas en común; con el brillo de las ilusiones, es un saber que guardan nuestros cuerpos callados; como si mirásemos una fotografía por muchos años olvidada: ante el mar de Liverpool: aguas de plomo, cielo con venas de plomo también; allí, sin sobresalto, nace la melancolía*

en la balanza cae de pronto la llamada de mi padre
voz y risa al teléfono: su felicitación de cumpleaños
el bigote que aún mueve la risa

los animales humeantes vaporosos

cuando la noche devuelve noche
                    día devuelve el día

(cielos de agosto)

en lo tocante a la naturaleza del deseo en los nacidos en el
    año 1952
como un canto de cadenas sumergidas en aguas eléctricas
y la estatua viva en el malecón del puerto se está sacando
    del pie una espina
sólo la ven los que andan con prisa ¿hacia dónde? hacia atrás
andan de espaldas otros hacen el pino

comencemos de nuevo:
sólo los sólidos rompehielos surcan esas aguas
como el amigo de las fiestas barridas cuando se sujeta la
    mandíbula al hablar su lengua materna mientras pule
    superficies
otros van pisando cristales y materias más pulidas en la
    fiesta de los caducos

y todavía
todavía alguien escribe versos son asimétricos reúnen lo
    disperso hechos + imágenes
(toda imagen verbal es una imagen mutante)

(un nueva figura entra en escena, el inconfundible inglés que bajó del ferry —lo vimos entrar en la bahía, ahí viene el ferry de Inglaterra— y se nos cruza con gorro de lana en pleno verano, flotando en la chaqueta, desdentado, hablando solo)

hablando solo
sólo los sólidos
y aquí se apagó el espejo

con los pájaros es siempre así:

mira mira
ay ya voló
(*Isa al ver un pajarín en el patio*)

no era un teru-teru

sí
esos fondos vuelvo a escucharlos:
hojalatas y palitos en cromatismo movedizo...
(lo rígido lo flexible)

esos bullicios y oleajes y murmullos de fondo medio
      selváticos

balafón y flauta en una miniatura laberinto

los palitos que cantan
el gamelán con la boca cerrada

la ligereza qué bien va: repetición y vuelve lo selvático

al otro lado de la caja mágica
el cuaderno de carne y hueso:

no paro en la cama, ¡a la pantalla!: pongo juntas las dos fotos que me has enviado: una es la luz, lo abierto; la otra es su negativo: ¿a dónde conduce esa calle? a un más allá, a un Mondoñedo de espectros; miedo me ha dado

la taxidermia: sólo diré que esa palabra me lleva a un patio de mi Villa, con siete años, y a la escena de aquella película, cuando James Stewart entra en el taller del taxidermista, en una calle de Londres

ella se besaba con un desconocido y en el beso él le pasaba un bocadito de algo, una broza de alguna materia; después ella me besaba a mí, que esperaba con la boca abierta como un polluelo en el nido y me pasaba aquello; ¿qué era?

sí, ya cayó enero, entraremos en febrero, mes de las mandolinas, las jaulas y los espejos

(en año bisiesto nací ésta es mi noche de más)

"alguien cose ¿eres tú?"

(un jardín razonado)

entra lo visto en la danza de las ilusiones
hace el ojo su relato entona su canción visual suave y
   confusa
como en un contraluz compartido entra un hombre en
   su cine
va con su sombra él es pura silueta va confortado: allí
la geometría se hace dos veces verde y escolar
es benigna es una jaula abierta un ritmo sin marcas de
   herida
allí la pareja liba en su medio el agua el rayo el alambre
prados chopos agua profunda y aguamarina
el tercero de la discordia el más libador el que guarda a
   los gemelos
les libra de las hélices les da a la boca
lo que debe ser libado: veladuras del deseo flores quizás
brotadas de la geometría
el tercero es un retiniano es un malabarista entró en su cine
se pintó de espaldas en su cartel; y trae consigo la cámara
   interior
del que está mirando: la estela instantánea de lo visto
formas a priori de la percepción; salió a la calle miró

el retablo ciudadano un soñador profundo caído en la
   acera
un error de precisión
desnuda mirar: es poner el dedo en el ojo del que mira
hay un disturbio mental un encefalograma
un gráfico del hambre en el mundo; pero va por el cielo
la explosión amarilla ondulante vibratoria como el lomo
   de los animales arcaicos
o es un *sputnik* errante por el fin del siglo
mira qué hermoso: huele a una crema que es consuelo
   del hambre
mira
le dice él a ella
ya no somos esferas platónicas
ya podemos enlazarnos
pero al macho le crecen agallas y crestas
araña el fondo de la hermosura saca a la luz lo otro:
una cinta de seda que corta el vinagre
son luminosas las uñas las aguas son contrarias la
   serpentina y el pez
suben a la superficie; no es distinto entre los chinos:
sus biombos peligrosos sus tés dulcificados sus caras de
   simetría especular inversa
también el azar construye: transmigran los lápices y las
   tintas

las estampas cibernéticas; la mano artificial acaricia

paños grumos del interior graso mejillas heridas el
   miedo africano

así es el mundo: friso móvil alambre y serpentina
   celofanes a la luz

calor y frío: colores del pensamiento

suelto y atado: así es la cabeza

tiene que pactar con el deseo acunarlo contenerlo;

lo malo del deseo es que vuelve sin avisar

(dijo Ramón Gómez de la Serna)

y contenido está; pero vuelve en series en ondas
   musicales

como una vidriera que recompone sus añicos; anda

le dice ella

sigue buscando el camino de vuelta y vamos los tres con
   delicia

al jardín razonado

(son porque sí)

¿de qué hablan ahí el loro y el calamar gigante?

todos los hospitales son
hospitales de campaña donde bombea verde el corazón
del nosotros

ahí volvió el pájaro
ya está dicho

y tú ¿cómo haces para que te floten las piedras?

el árbol de la vida crece en un plano inclinado

(somos los frágiles y así decimos)

el paseo del monje musical no deja huellas en la arena

empecé a escribir algo como un poema después de leer tu
mail y me paré ahí, porque tienen que salir:

el habilidoso en su monte y en su casa
el mango de un martillo
el roto de una alfombra
las llamadas amigables
el temporal llamando en las ventanas…

demasiadas cosas, me diría Tomás, para un solo poema, lo
vas a saturar; pero así es como me gusta escribir los
poemas, casi como encontrados

 y esto que me pones en otro mail:

"allí, debajo de las nubes, estoy yo en mi casa con el
pulso y la púa y la chimenea"

¿nos quedan las nubes?
que nos amparen las nubes para tener a su amparo

algún refugio
chimenea pulso y púa

y para orientarse en el tiempo
¿cómo hacer en lo ido innumerable?
poner fechas y los números bailan su baile triste
qué rosa de los vientos
qué brújula en este campo magnético que llamamos vida
los años voladores

¿no ves?

lo encontrado ahora

un redoble en el tiempo que es el nuestro

los pilares del arco iris

(son para Isabel)

que la máquina del mar venga en ayuda

recortables ensamblados del corta y pega

"collages espectrales"
sí

el collagista no

máquina con tendencia imprevisible a cambiar de polaridad

la máquina hermosa de Wimshurst no tiene este defecto

como la conjetura del panal de abeja

en la habitación hexagonal que no habitamos

una grajilla vino a beber agua en nuestro patio

era allí y era en el antes y fue en el segundo ayer

retícula y teselado

en la densidad de otra amanecida

cascabel del primer canto de pájaro

es la lógica del arco iris

como la mujer cuchara zulú

"y la mímica de nuestros amores y contentos"

es beber en un agua florida

esperando que el poema se haga solo

el ojo del viento está en la ventana

hay en los pórticos enigmas y melancolías

a los invisibles chinos y a los fantasmas griegos, decirles:
habéis comido, habéis bebido, ahora coged la puerta

nosotros dos juntos vamos
de nuestro más acá al más allá de todos

cuánto tiempo aguantando las ganas de escribir:

corto y cierro

vamos juntos

salto de gato
silbido de culebra
ante un umbral creciente

ya sale del puerto
la barca llamada Pena

mientras tanto
cuidar una huerta
maleza y frondosidad de lo hallado
guirnaldas y mural de lo recogido
lo caído a los pies
y algo que se llevó a la boca

(por el cielo —los estoy viendo— vuelan dos patos gemelos,
los enemistados de por vida, se alejan y adiós a los gruñones,
fuistetú fuistetú, se acusaban; nevermore, graznan ahora,
nunca más, como el cuervo aquel)

cuidar una huerta

(opción poción)

le brotaron espigas al agujero azul
es pintura fructifica deja caer su polen el ojo lee: *esta
noche no brillan las estrellas* agua mansa agua batida
remolinos lugar del apareamiento
las lombrices azules se aparean el ojo crio palabras ajenas:
"*Hoy en día nadie debe empecinarse en aquello que sabe
hacer. En la improvisación reside la fuerza. Todos los
golpes decisivos deberán asestarse como sin querer*"
son palabras de otro se dijeron como una canción
vi el merengue muy blanco que bate el dormido
y las plumas de un pájaro aleteando en su ventana
esta es la vida acelerada de los signos; sin miedo al aire
    mecido el sujeto visual
un improvisador que sopla y habla y vienen otros en su
    ayuda
porque *la cercanía contaba como distancia*
pero ladran los animales del taller dicen:
soy el guante de goma que usó una lavandera
soy una mancha en el suelo un cuadro leído una flor de
    plástico

las pulsiones las punciones del que desea el bajorrelieve
   del mensajero cálido y amenazante
una vida pintada un pensamiento hecho de colores
mientras se va secando el blanco: en todo debe latir lo
   inacabado: mi gesto
nacen espigas donde menos se esperaba criaron palabras
   los ojos
tan natural como aquella flor de plástico
se da el ojo placer habla en su lengua materna habla en
   extranjero dice: *politonal*
y bate el agua descompuesta del búcaro
pero se acerca el animal que paladea colores dice: *la vida pasa*
aquí no hay trascendencia el gesto es un instante ahora
   vuelvo pienso miro me acuerdo de ti
decayó la tensión giró el gesto en el vacío
pero hay otro animal que deja un rastro dice: *hoy es*
   noche de pintadas
vamos todos somos muchos somos saludos corazones en
   el barro
las rosas de noviembre el cordel y el punto rojo la cueva
   goteante
las marcas de la zapatilla invernal el chorro y la reja
la hoja de luz el muro escurrido
el rizoma reidor la cara viva la explosión del verano el
   monte chino

las nueces cantoras en su jaula
el cordón vivo el mapa roto las formas del humo la jaula
    que arde las palabras sueltas
las agujas negras el animal que felicita

todos esos vi yo

acogidos ¿dónde?

en un cuento contado en un sueño
yendo por el sendero engañoso
hay valle y hay casita con sus trampas
paraíso adentro paraíso afuera

si vienen el hada y el caminante
bailando la geometría
vientos y lazos semillas de salvación esporas

en lo alto la mano del misterio
la intimidad se abre como una concha

¿cuál es el pasado de la amistad?
mundo flotante de juegos con alarma
sucede en la casita
naipes y descartes en la mesa
entre el hada y el caminante descaminado

ver aquí es ver bajo los párpados
líneas de flotación
curvaturas de la fantasía

¿tienen los cuentos finales felices?

sí y no

si nos dejamos llevar
si nos embelesamos:
una vida entre flores

¿y por qué no?

(dos eneros)

hizo cuentas dijo
en voz alta nombres de su gente
en la última noche: las doce uvas

pulió y lijó dos cucharas de madera
la grande y la pequeña
ni olor ni sabor
los guisos del tiempo

crece la melancolía de los dos eneros
sueños que se olvidan turrones con moho
y una canción de Atahualpa Yupanqui

¿cómo son las culebras —imaginables—
las culebras blancas que anidan en la nieve?

te digo: esta no es
una lengua inventada
es amalgamada no es
Volapük

es una rueda: entre los ojos en giro
siempre el mismo radio: el café tras la siesta
la película de la noche

los encuentros al azar en la pantalla
son también el mismo radio

es una mosca de enero
compasión por la mosca caída en el lavabo

el gen ciego que horada en el vacío

(segunda toma)

y aun todavía es
el pájaro de la pena su nido en tu pelo
el pájaro de un proverbio chino *

y una pregunta:
¿se puede prender una hoguera en un ecosistema virtual?

* SERENDIPIA TORCIDA Y ACERTADA A MI PESAR
Veo la página del Doctor Dragan Dabic, sanador alternativo, despeja energías negativas, elabora dietas que curan. Es la personalidad camuflada de Radovan Karadzic, no hay necesidad de dar más explicaciones, recordamos sus fotos y videos, la barba de cura ortodoxo, el moño de orientalista. ¡Energías negativas!

Al final de la página aparecen diez proverbios de la antigua sabiduría china, seleccionados por él mismo. Uno de ellos dice así (traduzco del inglés): "No puedes evitar que los pájaros de la pena vuelen sobre tu cabeza, pero sí que aniden en tu pelo".

La imagen me toca de cerca, la apunto. Un hallazgo que el doctor Dabic encontró y seleccionó, esas palabras, las copió con su mano. La mano de un Gran Desalmado, de los mayores que hemos conocido en nuestra vida.

¿Qué humanidad tenemos en común Radovan Karadzic y yo? ¿El gusto por las mismas imágenes, pájaros, nidos?

(tercera toma)

inmovilidad, repetición, clausura

en la esfera del reflejo condicionado y el retorno de lo
poco y los cachitos

un tiempo esférico: la eternidad del instante: intersección:
longitud, latitud: estar hoy ahí: el mismo ayer, el mismo
mañana

el radio de la rueda al pasar por el mismo punto: aguja de
reloj gigante: como Orson Welles al final de su película *El
extraño*: atravesado por la aguja de las horas girando en
círculos por el tiempo

también: los dos versos de Juan Larrea:

porque el reloj draga nuestros hastíos
y su círculo se vuelve nuestra corona de espinas

el tiempo: un claustro: la imposibilidad cierra las puertas:
la clausura del pasado

y del espacio: un tiempo que se ha cumplido: ¿qué fue aquello?: ahora, aquí, ¿qué es esto?

en la repetición: el sobresalto de creerse uno encontrar en el mismo punto exacto que ayer: la exactitud sobresaltada

espere 10 seg.
descargar ahora

en equilibrio: como el mirlo que se posó para cantar en un ala del ave Fénix: veo la foto que me manda un amigo y le escribo: esa motita puesta ahí, para que la escultura masiva no se desequilibre y caiga: el pájaro se ha posado en un punto geodésico exacto: canta y es contrapeso

(Escultura de La Unión y el Fénix Español. Mi amigo Sebastián Mondéjar, desde Murcia: "Los pequeños contrapesos que sostienen el mundo o un poema (...) *the still point of the turning world* (...) *there the dance is.* Ahí está la danza, el vuelo, ahí se posa el mirlo para cantar")

también: unos versos de Alberto Girri:

como centro de la rueda
orificio

reducible a un punto;
rueda
y cubo de la rueda, pasivo
centro que hace posible
la rotación

también: mi son jíbaro:

aquí
la habitación amueblada
con recuerdos del mundo exterior

aquí de nuevo: reflejos en la pecera
casi son infinitos

y afuera: vernos en los bares en las calles
sonámbulos o despiertos

(canción de las orillas)

tocan los músicos desde la orilla
es su condición: a la espera de aquello que antes de sonar
viene de lejos y se acerca crece y se confunde
con lo que siempre suena a sus espaldas
la canción desconocida y la más conocida son la misma
es de todos y es de nadie el balanceo
el mecimiento que consuela y viene y va
y crece en confluencia en unísono (*es así el unísono de la
bandada: se oyen los dedos de la lluvia —nadie, ni siquiera
la lluvia, tiene las manos tan pequeñas, le dijo el poeta
Cummings a su novia —y sílabas carnales; también, la
suavidad de perderse y encontrarse en el laberinto del
ritmo*);
es un aire primitivo (*canción chipewa de la pausa del
tambor:*

> *cuando hago una pausa*
> *el rumor*
> *de la aldea*)

canta entre las pausas es vehemente y es natural
trae juntas alegría y tristeza

en la cercanía en el lugar caliente habla la música
te lo dice a ti con sus palabras (*por ejemplo: silban las
nubes, la tarde se para, ya me crecieron alas, ven a ver*)

silban los músicos en la orilla ida y vuelta vaivén; tocan
la canción del soto cercano y la africana
bailan al hablar dicen: ven a oír la melodía que trazamos
conteniendo la respiración la borramos después:
la línea brillante del caracol en el cristal de la ventana
la mano en la despedida de los puertos

de todos y de nadie es la música
y que canten que toquen que bailen atraídos
por el rumor de la otra orilla

(pintar lo otro)

hay veces que esos cuadros dejan ver lo otro
late invisible
lo que ahí mismo está y no se deja ver

se expande lo visible
ahí golpeó un gesto un impacto
impacto y gesto son delicados

¿cómo lo hace el pintor?

un gallo encrespado un mosto activo los cirros de la lejanía

también escritura y calma

hay injertos que son naturaleza:
vapor de nieve la brisa que airea las sienes
(el Ahora de Peter Handke)
unos humos que se levantan se agitan bullen

empastar lo mirado:
pieles pulidas lunas de uña escamas de mica nácares
satenes

otras veces es la escarcha en el cristal de la ventana

resplandores

(y otras veces
rótulos del "mí" y del "yo"
mármoles con venas
legibles burbujas nuestras)

(¿es son?)

I

esto es algo
que quisiera ser
son

transparencia: la luna filtrada en lo alto de la tarde
allí flota

detrás quedó una masa textual
otra carga a la espalda otra más

*en la página del libro que voy leyendo mientras camino a
la orilla del río se ha posado un insecto, el más pequeño
que he visto en mi vida, más pequeño, imposible; el libro
es* Pedazos, *de Robert Creeley, traducido por mi amigo
Marcos Canteli*

todo busca relación: como los movimientos ideomotores
niegan al zahorí y al tablero de la médium:
el río puede más

algo
que son quisiera ser

II

porque
hay emanaciones de todas las cosas que han existido
escribió Empédocles

emana aquí un año ya antiguo
gases y toses ventarrón tango y humedades

¿qué año es éste?

es la calderilla de este año
entre los dedos de la gitana
la que nos echa la buenaventura
y los cristales del tiempo

escucho
su son y quisiera ser
un narizotas sumerio o mochica
para no escuchar eso

mejor sería
la canción tonta del sueño
soñando en SOL
sueño de ondas lentas
soñando en MOR
movimientos oculares rápidos

y otra vez
los cristales del tiempo

la galena de las noches
la que desplaza sueños
un sistema pasivo con zumbidos y parásitos
una onda continua pulsante

es como encontrar la aguja
el imperdible sí fue encontrado
a tus pies mientras ibas caminando sin mirar a nada

miras aquí sin ver
es así así eres
sintonizas secreciones membranas tegumentos
por galerías sin fin

(*galena de un sueño: vi manchas y protuberancias que
podría descifrar, leer adherencias en las adherencias,
mensajes en las deposiciones*)

(como si me escuchara pensar
la estufa fumadora suelta un aro de humo)

(mundo y desmundo)

no todo fue dejar atrás la Torre del Oro
dejado atrás aquel revuelo de faldas al orinar la novia
    furtiva bajo su sombra y su luna
ahora caminamos por el laberinto con un mapa en las manos
una voz muy ajena nos guía
nos perdemos
como siempre fue entonces la pérdida ansiosa hasta llegar
    a la Alameda de Hércules
pero en un recodo del laberinto el encuentro de repente
    como un susto
la cara del santón aquel que dejó huellas en la casa de la
    pena cuando murió la Gran Madre
y en la esquina la tienda donde se endulzan muchas mujeres
Captain Candy Shop
en las molduras de la iglesia donde cuelga el pendón del
    santo duermen palomas

todo esto ya tan... tan ya escrito

pero los hechos se imponen
vimos el león que lamía los dedos del pie de la moza Rufina

hubo consuelo no todo ha de ser invocar la edad de la
   potencia
hubo consuelos grandes en las mesas y caminos de la
   amistad
en la ciudad que es y no es la misma
hubo nuevas alegrías

con la torre Giralda vuelta pozo me medí

aquí aquí sigue uno
tratando otra vez de mirarse las espaldas

["desmundo" alude a un cuaderno escrito cuando estuve en la ciudad ha-
ciendo la mili, en 1976-77, y que titulé *Poemas en Sevilla. Desmundo*]

(fijeza de unos cuantos)

dentro de la fijeza de una fotografía decir para salirse
desgajarse decir con Machito:
yo soy rumbero yo soy la salsa

deja la foto fija
toca la marímbula
cajón que tiene ojos de sorpresa

como Anaxágoras al descubrir que el sol es una piedra
que el cielo está enladrillado

quítate te digo de aquella fijeza que viste allí dentro
espejo y miedo
la cara en la nuca mirando ya hacia atrás

quítate y canta
yo sí quiero un chi chi chi
yo sí quiero un cha cha cha

(canción francesa)

La Torre Eiffel a tu lado flor geométrica para los pintores puros
Carlos Oquendo de Amat

en lo alto
un pozo de luz
sobre la cabeza
un sueño muy al norte
en esta casa siempre hay miel de España
nos dijo nuestra casera
y las imágenes de los dos amigos idos
de uno: el rostro es un racimo
de otro: la piedrecita en el musgo
hay alambres amistosos
sobre los tejados campanadas
es domingo en París como en mi Villa
fue un Domingo de Ramos

vi también
un libro cocido
un palo que mira
alguien me habló de la savia de la infancia

qué bien pinta Picasso
lo que yo me sé

el mejor París:
ver mecerse en el cielo la Tour Saint Jacques

*(como aquella otra se bamboleaba: era la Tour Eiffel que
pintó Robert Delaunay: ya nunca subiré a ella; a cambio,
ver una huelga de elefantes en París —el cuadro del
mexicano Eduardo Zamora—)*

porque París es también
de todas y todos que la escribieron

*(hay quienes van para colgar un candado en un puente y
tirar la llave al Sena)*

la alegría de una niña

*(la misma alegría de otra niña que en esta misma calle, Rue
Vieille du Temple, pasó dando saltos en 1944 para acabar
sus pasos perdidos en las hogueras del Este)*

me meo
a la cola
me meo

a la cola a la cola
me meo
me estoy meando

no dar un paso
sin preguntar a un extraño
no dar un paso
sin hojear el callejero de Cortázar

ir mejor
mirando al aire

y un paso más adelante
la Embajada del Reino de los Cielos
qué consuelo

(los complementarios)

I

los indios amistosos se acercaron
cabalgaban en zigzag

yo iba hablando solo
iba al son del mundo espectral

en el disco rayado el surco se hace más hondo si no hay un
dedo atento que mueva la aguja

en el centro del ordenador viven los idos
también hablan solos

"un indio al acecho por toda la eternidad"

en el bolsillo un caramelo vacío

II

se oyen voces
vienen del medio del río
no se ven

el río nuestro es poco río
pero aún da para dos patos
ahí van con la corriente

yo voy por la orilla
leyendo algo insulso

la barandilla del puente
transmite el temblor del agua

(junto y disjunto)

"como una historia que puede dejar su rastro en el horizonte del paisaje"

una muerte semejante a la de ese mozo inglés o alemán o francés, un mozo de 19 años que un día del año 1915 sale de la trinchera con su patrulla, se despista y cae en un pozo, uno de los pozos para el riego de las que fueron tierras de labor, cae y allí tiene su agonía, con los huesos rotos, semiahogado y mordido por las ratas

distancias siderales, cuerpos celestes en su ruta silenciosa alejándose, sólo un pliegue del espacio-tiempo propiciaría el encuentro de los mundos

en el baile de los enfermos de Alzheimer por encima de la música se imponía un sonido recurrente: eran los bastones y cachas que caían al suelo con estrépito

mi madre sale a la calle después de tres meses de encierro y ya camina, está soldando su fractura de pelvis, y va al bazar chino, quiere comprar unas horquillas de pelo, de las llamadas invisibles, le hacen falta, dice *"soñó que andaba por un camino polvoriento cuya blancura destacaba en medio de la cerrada oscuridad de una noche de verano"*

anduve yo una vez por ese camino como si hubiera bebido la leche de la nada que manan las estrellas, el camino blanco del contento

"todo parecía simple y natural, como ocurre en los sueños, pues en el País Más Allá del Lecho no hay sorpresas y cede la razón"

(un verso que interrumpe al despierto y por la calle en su vigilia:
verdad negar las vías con su Temible)

distancias siderales: la pareja vietnamita, los dos unidos por la caña musical, boca a boca hacen su música, están sentados en la hierba, junto al río, música que es resonancia del paisaje

¿un viaje astral?, ¿un pliegue del hiperespacio? ¿hay gentes allá en aquellos mundos?

fríos o en llamas flotan en su oscuridad, avanzan, los mundos

y esto se va reuniendo solo mientras paso por mi callejina
y voy sin pensar y pensando

(son del poema)

al otro lado del muro
ahora somos los aborígenes
(como decir: somos los hombres huecos)
sentados en corro
espigando por las tierras del secano
encendemos linternas
damos cuerda a un reloj sin horas
aguantamos hasta oír una voz

tiéndete ahí — dice la voz —échate
ahí emocionado en la cama baja
de las emociones reposa
hasta que en lo oscuro entre
un rayito de sol: hipotálamo
la hoja se alimenta con poco
alimenta tú
que de tu mano vengan a comer
el átomo y la célula

sal sal más al patio
sólo a estar
pon narcótico una gota en la lengua

hasta que se oigan mugidos
y el ángel baile con el mono

(año nuevo)

aquí
remiendo
la red
para la
caída libre

y vigilo un muñeco
de nieve (mi deuda
impagable
mi condena)

ahí sigue colgado
el año viejo
(las nieves del año viejo
—dicen las coplas— son las mejores)
con su sí
su no
las temibles
imágenes potenciales
colgadas ahí
mientras toca su canción
la hechicera al piano (es Nina Simone)

un helado
deshaciéndose
una patinadora
trazando círculos
lentamente

se corrompe la pena
año nuevo

palidece la tinta
del sello con mi nombre

libre volador
en caída libre

sí
no

(primer día del 2023)

había regresado
se lee en un papelín suelto

¿de dónde?
¿a dónde?
¿y quién?

no hay respuesta

hoy hay

las tareas del último día del año:

echar el atadijo al pasillo muerto de la casa natal
(la calle olía a bizcocho recién horneado)

buscar la fotografía del hombre que cruzaba el río sobre
      unos zancos

olvidar la música en bucle de los caballitos
(olvidarlo todo recordarlo todo)

chupar el caramelo de menta encontrado al mover el piano
   allí en su rincón

eso es lo que hubo

(coplas de quien uno creía ser)

como en aquellas antiguas coplas del amo decir por remate:
ese soy yo

uno que mueve cosas

que es asaltado por olvidos, entre memorioso y
desmemoriado

que carga a veces como un peso la levedad de los sueños
(cajas de cartón con el libro *Son del sueño* como un
castigo por haberlos soñado, por haberlos escrito)

que tiene para trazar líneas rectas dos reglas gemelas

que quisiera de la vida siempre su recepción mórfica

que más de una vez cree ser un lotófago

uno que tiene un tintero para cargar la gran pluma
Montblanc y escribir más sueños en el cuaderno

que siente el impulso repentino de dar cuerda al reloj
sonoro, el reloj del Jueves sevillano

(el despertador en la mesita es de la marca RADICAL;
despierto en la noche, ilumina su esfera, lee la Palabra, se
le descompone en haces:
ladra al día en el dial radia al dar laca al cardial cala al raíl
    radial
y así apaga miedos y le parece escuchar una mandolina
melancólica junto una jaula frente a un espejo)

uno que saca brillos a los latones inútiles de la casa
que frecuenta sus laberintos del deseo de lo mismo
(brillos, latones, obscenidad: "Todo mirón de diosas es
un hombre de la noche (o ciego o muerto o animal)".
Pascal Quignard, *Sexo y espanto*

uno al que ya se le han muerto todos los amigos que sabían
hacer hogueras

espacios y tiempos se le transmutan por causa de inercias
y velocidades

que atiende a las cosas, a los fosfenos y a las migas de pan
de los Pulgarcitos perdidos en el bosque

que entre lo escondido y lo visible encuentra de pronto en la pantalla un cartel que le pide pinchar donde pone NO SOY UN ROBOT

(¿no soy un robot?)

que pasó tres días hablando sólo con su gata

quien no se compara con el mercurio duradero

quien siente cada vez más cerca el dedo del escalofrío

el que escribe esto como si fuera escritura de la máquina encriptadora alemana llamada ENIGMA

uno que quisiera frecuentar una cantina en el aire y allí reunirse, hablar de las vidas que llevamos ya viviendo, los cuándos y los dóndes, los entonces y los ahoras, lo desaparecido y lo reaparecido

uno que nació tres meses antes de la muerte de Stalin (por situarnos) y todavía sigue tocando con el saxo una música antimilitar

a quien siempre le gustó que le mandasen a hacer recados (ultramarinos de Eulogio, carnecería de Juva)

que es cachivachero
y antes de salir de casa pone en hora los relojes

que proyecta un libro titulado *La oficina del río* seguida
de *Galpón*

quien sufre a veces una dentera de dientes muertos

uno que ayer mismo se encontró tan tonto que no sabía
cerrar un candado

y después vio como crecían raíces en el lugar oscuro donde
se guardan las cosas útiles, y el vino y la leche, el zulo
cuidadosamente excavado por su padre para guardar el
frescor en el verano

ése que ahora pide: que dure el frescor

ese soy yo

(son de mis rimas asonantes)

ojo y pensamiento
es la impura poética de los simbiontes
(¿quién busca la pureza flor del Ártico que no existe?

buscar la otra flor de la asimetría
al arrimo de los espectros lucientes

leer lo escrito en los manteles
las formas del azúcar epiceno

como aquellos que libres son de lo mismo
los que vivieron su armonía sin red
su gloria de vida musical errante
como patos en bandada y libres

éstas que hubieran querido ser
miniaturas desveladas

*(islas flotantes de Joyce Mansour, sus dulces de postre, sus
islas narrativas: insertos, saltos, citas, comentarios de otros
libros, todo se le reunía por una extraña contigüidad, la
magia de lo contiguo)*

son lo que son: rimas asonantes
el son de mis tiempos relativos
y química de amalgamas

(eso que se ve ahí
¿es una hoja o es un pajarín?)

(¿parpadeó el sol?)

y de lo ya dicho y aquí vuelto a repetir
(que no se olvide):

hay que dar con el sitio
una forma en el hueco
esa que sólo puedes ver tú

Aquí, un sello musical, la canción del fantasma, el imperativo de Jim Morrison:

entra en la suavidad del bosque
entra en el sueño ardiente
ven con nosotros otra vez
todo está roto y baila

Nota del autor

Siempre hubo gente en lo que escribo. Aquí parece venir y juntarse una multitud, entre citas, dedicatorias, agradecimientos. Mi peña —se decía entonces— de conocidos y desconocidos. Nombres propios, citas sobresaltadas, unas explícitas y otras encubiertas, en un *melting pot* o gazpacho. Van en cursivas y entrecomilladas. (También hay alguna pesca al robo, sin más). Las encubiertas y sus autores, en orden de aparición:

Miguel Suárez, Cornelia Parker, Bernardo Martínez (que repite más de una vez), Hermann Broch, Alexander Lernet-Holenia, Gilles Deleuze, Paul Klee, Ossip Mandelshtam, Friedrich Hebbel, Jean Paul, Unica Zürn, Francisco Deco, Ricardo Guiraldes, Walter Benjamin, Guillaume Apollinaire, Alexandre Chatrian y Émile Erckmann, Ambrose Bierce.

Y las dedicatorias:

(con una red oscura), Pilar Martín Gila y Sergio Blardony y la cara que se te quedó, Tomás Salvador González, Miguel Suárez, en memoria de ellos

(caminantes y habladores), Bernardo Martínez

(reflexión mañanera aunque tardía), Alfredo Rodríguez Vidal

(bioluminiscencia), Miguel Casado

(informe sobre Bucarest), Isabel Lucio-Villegas, Chefa Alonso y Víctor M. Díez

(con la técnica del rocío), Javier Fernández de Molina

(qué difícil cambiar el sentido), Barbara Meyer

(ya volvió el día de hablar solo), María José Álvarez, Guadalupe Díaz Álvarez, Isabel y Víctor

(costra y lámpara), las compañeras y compañeros del espectáculo de poesía, música y vídeos que con el mismo título hicimos en los años noventa

(son solar de nuestra estrella enana), Juan José Morán Baños

(animación de un Theremín), Héctor Rodríguez

(cumpleaños consonante), Fito Alonso y Bernardo Martínez

(cielos de agosto), Moncho Burgués, en su memoria

(un jardín razonado), Esteban Tranche

(son porque sí), José de León

(canción de las orillas), Quinteto Cova Villegas

(pintar lo otro), Juan Rafael

(opción, poción), Francisco Suárez

acogidos ¿dónde?, Ignacio Otero

te digo: esta no es, Sebastián Mondéjar

tres son hoy las apariciones, Eloísa Otero

(¿es son?), Marcos Canteli

(canción francesa), Christine Monot

(son de mis rimas asonantes), Aldo Sanz

Y, sobre todo lo demás, los agradecimientos:
El primero es hacia Marcos Canteli, lector del manuscrito,
con entrega, inteligencia y sensibilidad tales que me dieron
la clave para el montaje final del libro y el reajuste de
algunas piezas.

Francisco Deco y Sebastián Mondéjar leyeron poemas y
partes en marcha, también me ayudaron lo suyo.

Isabel Lucio-Villegas Uría, lectora fina, presencia y
generosidad, amor, siempre.